RENSEIGNEMENTS

POUR

LE GOUVERNEMENT GLORIEUX

SUR

DIVERS INTÉRÊTS

DE LA

POPULATION MUSULMANE

EN ALGÉRIE

PAR

SID EL MEKKI BEN BADIS,

CHEVALIER DE LA LÉGION D'HONNEUR
ANCIEN CONSEILLER GÉNÉRAL
ASSESSEUR PRÈS LE TRIBUNAL CIVIL DE CONSTANTINE

CONSTANTINE

IMPRIMERIE ADOLPHE BRAHAM, RUE DU PALAIS

—

1889

RENSEIGNEMENTS

POUR

LE GOUVERNEMENT GLORIEUX

SUR

DIVERS INTÉRÊTS

DE

LA POPULATION MUSULMANE

EN ALGÉRIE

(TRADUCTION)

LOUANGES A DIEU !

Ce qui suit est un simple exposé écrit d'une manière concise, en concentrant le sens pour ne pas fatiguer le lecteur ; je l'ai rédigé avec la plus grande sincérité et dans un but entièrement désintéressé.

En effet, mon objectif est double : être utile aux gens de ma race et fournir des renseignements aux dépositaires de l'autorité, au point de vue de divers intérêts généraux.

/Car je sais fort bien que nos gouvernants ne recherchent que l'intérêt général ; qu'ils font les plus louables efforts pour le satisfaire et qu'ils veulent le bonheur de tout ce qui respire, particulièrement de l'homme. J'ai acquis cette conviction à leur endroit dans les fréquents rapports que j'ai eus avec eux et dans les délibérations des Conseils, auxquelles j'ai pris part et où j'ai toujours vu l'intérêt public dominer le reste. /

Il m'est permis d'en parler, puisque j'ai fourni mon

concours à l'autorité durant une période prolongée, soit pendant environ quarante ans.

En donnant à ce mémoire le titre ci-dessus, mon seul désir a été que ce travail fût accueilli avec bienveillance, afin que le but proposé fût atteint.

Après avoir invoqué l'assistance du Dieu Très-Haut, je dis :

Toute personne douée de jugement et de savoir reconnaît que, depuis la création de la terre jusqu'à ce jour, Dieu, dans la direction des affaires humaines, accorde la souveraineté à qui bon lui semble et la retire à qui il juge devoir le faire.

Ses actes, — que sa gloire soit proclamée ! — sont toujours empreints de sagesse et de prévoyance : combien a-t-il renversé de dynasties, parce qu'elles ne pratiquaient que l'injustice et la violence ! Combien d'empereurs a-t-il anéantis, parce qu'ils opprimaient le peuple et s'étaient écartés de la voie de la justice !

Lorsqu'il veut un résultat, il ouvre la porte qui y conduit et fait naître les circonstances qui en amènent la réalisation.

Il faut alors, absolument, que sa décision s'exécute, et personne n'est capable d'en retarder la réalisation, ni de l'empêcher.

Or, parmi les événements survenus dans le cours d'un demi-siècle et plus, écoulé avant l'heure actuelle, s'est produit ce grand fait : *la conquête de l'Algérie par la France et le renversement de la domination turque,* par un décret du Dieu de toutes les créatures, qui a voulu certainement punir les Ottomans de leur injustice flagrante et de leurs mauvaises actions.

En effet, tant que la justice règne, ses conséquences se caractérisent par la prospérité ; en revanche, la tyrannie ne produit que des désastres.

Dans les premiers temps de la conquête, les musulmans algériens étaient frappés de terreur et s'attendaient à voir s'ouvrir pour eux l'ère de la ruine, du pillage de leurs demeures et du dépeuplement de leur territoire.

C'était la différence de religion qui les avait amenés à se faire cette conviction ; mais, après avoir éprouvé par eux-mêmes la bienveillance de leurs nouveaux chefs, lesquels ramenèrent chez eux la confiance et leur garantirent le respect de leur religion, de leurs coutumes et de leurs droits ; lorsqu'ils eurent acquis la conviction que les engagements étaient scrupuleusement tenus ; et que ces faits furent répandus chez tous, en particulier et en général, et ne demeurèrent ignorés de personne, alors les esprits se calmèrent, la tranquillité rentra dans les cœurs, la joie et le bonheur éclatèrent.

Alors aussi, l'oppression et l'injustice furent écartées d'eux ; le gouvernement agit à leur égard de la manière la plus louable ; leur appliqua ses décisions sur le même pied d'égalité qu'à ses propres enfants ; entoura d'honneurs leurs personnages considérables ; les investit d'emplois élevés ; diminua les impôts pesant sur cette population ; la fit participer à divers avantages ; s'appliqua à améliorer sa situation matérielle ; régla, dans des conditions sérieuses, les affaires, se rapportant à sa religion : remit en état les vieilles mosquées ; en fit construire de fort belles dans les bourgades qui en étaient dépourvues ; nomma des cadis dans tous les cantons ; et s'ingénia à trouver des procédés pour faciliter aux gens le moyen de faire respecter leurs droits sans difficultés, ni fatigues.

/ Il est résulté de cela que tous les musulmans se sont mis à parler du gouvernement français avec reconnaissance et à célébrer ses bienfaits et sa générosité. /

Dans sa grande sollicitude pour les intérêts des musulmans, l'administration française a établi des règlements fort bien faits et posé des fondements solides pour tout ce qui se rapporte au service des cadis, en assurant la protection des intérêts de la masse, confiés à ces magistrats.

Dans ce but, elle a mis en pratique une première organisation, établie sur des fondations durables et suivant les règles éternelles de la loi ; elle a complété cette organisation une deuxième, puis une troisième fois, en opérant, à chacune de ces occasions, des modifications et des changements dans diverses parties, tenant compte, pour ces améliorations, des constatations révélées par la pratique, et s'appliquant à trouver une voie conduisant à la réussite, de façon que chacun pût arriver au résultat cherché sans conflits, ni divergences.

/ Les choses ont marché dans ces conditions jusqu'à l'année 1886. Alors, le gouvernement a promulgué un nouveau décret, préparé dans le but le plus louable et les meilleures intentions.

Dans l'exposé des motifs présentés à M. le Président de la République française par M. le Ministre de la Justice, ces intentions apparaissent d'une manière manifeste, car il y fait ressortir, vers la fin, que le but auquel on tend est d'attirer les indigènes vers la civilisation et les bons principes d'administration, en transformant l'indifférence et l'inertie des gens en initiative et en sagacité.

« Une ouverture plus large sera profitable à tous en particulier et en général, — dit-il ; — cette facilité d'accès rapprochera de nous les musulmans et leur amitié pour nous sera encouragée et complétée par l'élévation de leur esprit. En outre, de nouveaux sujets de rapprochement se créeront entre eux et nous et resserreront les liens et les rapports qui nous unissent. »

Lorsque ce décret a été connu et que le texte en a été répandu dans toutes les directions, il a été accueilli par tous avec joie et satisfaction ; sa mise à exécution s'est faite sans retard, dans chaque localité, et les juges de paix français se sont appliqués à la connaissance des litiges entre musulmans pour les questions purement mobilières.

Mais, dans la pratique, on a trouvé que certaines dispositions rendaient difficile l'application du décret, et il en est résulté, pour les juges de paix, des complications, et, pour les justiciables, des ennuis.

Il a été reconnu, également, que d'autres parties contenaient des obscurités ou des généralités nécessitant un commentaire ou une interprétation.

Il y eut, à cet égard, des appréciations contradictoires et, sur ces questions, des conflits se produisirent entre les juges de paix et les cadis pour leur service réciproque.

Je vais fournir, sur les points ayant donné lieu à ces controverses, les explications les plus complètes, avec l'aide du Dieu Très-Haut, en examinant ces questions point par point.

PREMIÈRE OBSERVATION

Avant la promulgation de ce décret, les juges de paix français étaient déjà chargés de nombreuses occupations : ainsi, ils devaient successivement statuer sur les affaires correctionnelles et de simple police de leur compétence ; tenir les audiences de conciliation, en faisant leurs efforts pour amener les justiciables à accepter des transactions, et, enfin, statuer sur les procès civils ordinaires à eux soumis.

Je parle ici des juges de paix résidant dans les grandes villes ; quant à ceux qui siègent dans les villages et dans les campagnes, ils ont, en outre, pour mission d'instruire les affaires criminelles, telles que : assassinats, vols, etc...., survenus dans leur ressort, comme officiers de police judiciaire remplaçant le procureur, et en cette qualité, ils reçoivent les interrogatoires, font les enquêtes, dressent procès-verbal de tout ce qui est établi devant eux et transmettent l'instruction au parquet.

Lorsque, par surcroît, ils ont reçu la mission de connaître des procès survenus entre les musulmans, il en est résulté pour eux une fatigue considérable et ils se sont vus contraints de renvoyer les affaires de huitaine en huitaine.

C'est en vain qu'ils ont essayé de se faire aider dans leur besogne par des experts nommés par eux à cet effet : cela n'a pas suffi, en raison du grand nombre de procès qui surviennent entre les musulmans et de leurs discussions, éclatant à chaque instant, pour des objets de minime valeur, dans la plupart des cas.

Enfin, la nécessité du double travail de l'interprète, qui écoute d'abord l'indigène parlant en arabe et transmet son discours au juge, est une grave cause de retard.

{ Tous ces inconvénients retombent sur les justiciables qui éprouvent un véritable préjudice, en se trouvant obligés de se présenter à l'audience un grand nombre de fois et d'abandonner ainsi leurs travaux, préjudice d'autant plus sensible, qu'il s'agit souvent d'affaires sans importance.

Si l'on ajoute à cela les frais excessifs qui en résultent, on comprendra que des gens préfèrent abandonner leurs droits que de s'exposer à ces fatigues et à ces ennuis. /

La majeure partie de ces contestations prend naissance sur les marchés, entre les gens de la campagne, au sujet des transactions qu'ils y font ; d'autres se produisent entre les indigènes des villes et ceux de la campagne, auxquels ils achètent du bois à brûler, des fruits, des légumes et autres objets : or, dans l'un et l'autre cas, si une

tromperie est commise, la victime se voit forcée d'abandonner le prix de sa marchandise et de rentrer chez elle,
car elle ne peut attendre les jours d'audience et préfère
ramener ses bêtes de somme à l'habitation.

Pour remédier à cet inconvénient, il est du devoir du
gouvernement de prendre les mesures nécessaires, car il
est possible d'y arriver, et pour cela, je propose une des
deux solutions suivantes :

Soit de charger un magistrat français de statuer exclusivement sur ces litiges entre indigènes, en siégeant, à
cet effet, tous les jours, sauf les exceptions d'usage ;

Soit d'enlever aux juges de paix français la connaissance des litiges sans importance et de les en débarrasser
en la restituant aux cadis.

On pourrait, par exemple, attribuer à ceux-ci le soin de
juger les contestations portant sur des objets valant de
un à cinquante francs, ou cent francs, ou toute autre
somme. De cette façon, les juges français éprouveraient
un réel soulagement et les indigènes obtiendraient justice,
sans difficultés, ni retards, ni dépenses.

Cette solution s'impose à la bienveillance et à la sollicitude du gouvernement pour ses sujets, particulièrement
en tenant compte de la détresse dans laquelle ils se trouvent actuellement et de leur grande misère résultant des
désastres éprouvés dans les années écoulées, par le fait
de la sécheresse, de la stérilité et des sauterelles.

Les chefs de l'administration départementale, suivant
en cela l'impulsion de M. le Gouverneur général de l'Algérie, ne sont, heureusement, pas restés inactifs, en pré-
sence de ces désastres : ils ont déployé tous leurs efforts,
à l'effet d'obtenir des sommes considérables de France ou
d'ailleurs. Ils ont distribué à ces malheureux des secours
importants ; ils leur ont fait obtenir des prêts de grains
ou d'argent ; ont parcouru en personne le pays dans tous
les sens, sans se ménager, par la chaleur et par le froid,
et il est certain que, sans leur sollicitude et leur dévoue-
ment, — dont Dieu puisse les récompenser, — un grand
nombre de ces malheureux seraient morts et auraient péri
le long des ruisseaux ou dans les ravins et que leurs
corps auraient servi de pâture aux bêtes fauves et aux
chiens.

DEUXIÈME OBSERVATION

Un des inconvénients de ce décret consiste dans la défense imposée aux musulmans de porter leurs affaires mobilières devant le cadi, dans le cas où les deux parties seraient d'accord pour le faire.

En effet, il est dit à l'article 3 qu'il est permis aux musulmans, s'ils sont d'accord sur ce point et qu'une convention spéciale et explicite ait été préparée à cet effet par les parties, de soumettre leurs litiges, ressortissant en principe au cadi, c'est-à-dire de statut personnel, à la décision du juge français ; mais on n'indique pas qu'il en est de même au profit des cadis, pour les affaires mobilières, et, naturellement, ce silence est interprété dans le sens de la négative.

Or, chacun reconnaîtra qu'une disposition semblable, avec la contrainte qu'elle comporte à l'égard des musulmans, est en opposition complète avec les principes suivis à l'égard de tous.

En effet, il ne peut exister d'empêchement, au point de vue légal ou administratif, pour s'opposer à ce que deux hommes choisissent un juge qui tranchera leur différend, si l'un et l'autre acceptent d'avance sa décision. C'est là une des conséquences de la liberté qui est le fondement même du gouvernement actuel.

TROISIÈME OBSERVATION

La conciliation entre adversaires est un moyen recommandé et préconisé dans les codes et par toutes les législations, judiciaires ou administratives. Cette solution, en effet, lorsqu'on y arrive, éteint le feu des querelles, met fin aux argumentations passionnées et calme l'irritation dans les cœurs.

Un grand nombre de litiges sont arrêtés, dans les justices de paix, par la conciliation. Dans le même but, le tribunal chargé de connaître des appels des jugements de cadi, c'est-à-dire la chambre musulmane, charge un de ses membres d'entendre, à une époque fixée, les explications des parties et de les inviter à se concilier. Or, ce résultat est souvent obtenu et cela décharge d'autant le travail de la chambre d'appel, qui n'a plus à s'occuper de l'affaire.

Et, du reste, le magistrat français chargé de juger actuellement les procès entre musulmans ne se trouve-t-il pas désigné par cette appellation caractéristique de *juge de paix* ? N'a-t-il pas un jour déterminé pour tenir son audience de conciliation, dans laquelle il s'applique de toutes ses forces à amener les justiciables à conclure la paix, dans des litiges qu'il est compétent pour juger, selon la loi française ?

Il est donc nécessaire d'appeler l'attention du gouvernement sur ce point, afin que l'on trouve un moyen quelconque pour faciliter aux musulmans la voie de la conciliation.

QUATRIÈME OBSERVATION

Selon les dispositions de l'article 52 du décret sus-dit, les cadis ne procèdent aux opérations de liquidation et partage des successions que si les dites successions sont purement mobilières et ne contiennent pas d'immeubles.

Si, en effet, elles comprennent un immeuble quelconque, important ou sans valeur, ce sont les notaires français ou les greffiers-notaires qui ont seuls qualité pour procéder aux dites opérations. Or, des inconvénients se sont produits dans la pratique au sujet de l'application de cet article ; voici à quelle occasion :

Il arrive souvent que des indigènes laissent, à leur décès, un immeuble quelconque et des objets mobiliers n'ayant, pour ainsi dire, aucun prix ; dans ces conditions, l'officier public français est fort empêché de s'occuper des dits objets, dont la valeur n'est pas en proportion avec la peine qu'il devra se donner pour faire le nécessaire, surtout dans la campagne. Souvent, le prix de ces objets ne sera pas suffisant pour couvrir les frais et, dans ces conditons, la succession demeurera abandonnée, sans que personne, ni cadi, ni notaire, consente à se transporter sur les lieux pour la liquider.

Cependant, il peut arriver que des mineurs y aient des droits et les perdent ainsi complétement.

Ces faits se sont produits en maints endroits et l'on voit quelquefois des gens allant successivement du notaire au cadi, en les suppliant de se transporter avec eux, sans pouvoir l'obtenir ni de l'un, ni de l'autre.

Il serait donc préférable, relativement aux liquidations des successions se composant d'objets mobiliers et d'immeubles, que le notaire français fût seul chargé de la liquidation des immeubles et le cadi seul chargé de celle des meubles et autres valeurs mobilières.

CINQUIÈME OBSERVATION

A son article premier, le dit décret pose ce principe : que les musulmans continueront à être régis par leurs droits et coutumes, en ce qui concerne le statut personnel.

En parlant ainsi du statut personnel et des questions qui s'y rattachent, le décret s'exprime d'une façon générale et ne fait aucune énumération, contrairement à ce qui avait eu lieu dans les précédentes dispositions législatives. Ces questions, en effet, sont nombreuses, bien connues et bien déterminées ; mais il s'y mêle parfois des affaires mobilières et, en raison de cela, elles n'ont pas été indiquées spécialement.

Selon la règle ci-dessus posée, ces questions se rattachant au statut personnel, il doit appartenir exclusivement au cadi d'en connaître et de les trancher ; mais comme, d'autre part, des intérêts pécuniaires s'y trouvent mêlés, le juge de paix ne refuse pas de les juger si elles lui sont soumises, ce qui est une erreur manifeste de sa part, car il se met en contradiction absolue avec le texte de l'article premier du décret susdit.

Il se présente encore bien d'autres cas où ces difficultés se produisent, notamment dans les procès ayant trait aux questions de dot ou de khola (divorce avec indemnité).

Dans ces deux cas, en effet, le juge de paix doit être embarrassé pour déterminer ce qui, dans la dot, est obligatoire et ce qui ne l'est pas ; ce qui doit être partagé par moitié ; la foi que l'on doit ajouter aux déclarations de la femme, relativement à ce qu'elle a touché, et aux déclarations du mari, relativement à ce qu'il dit avoir payé ; ce qu'il faut attribuer à titre de khola (compensation) et ce qu'il doit refuser, en se basant, dans l'un et l'autre cas, sur la négligence de l'épouse à remplir ses devoirs, ou sur les sévices exercés contre elle par l'époux, ou sur toute autre cause.

Le décret de décembre 1866, au contraire, a bien précisé ces questions en les énumérant une à une, dans son article 24, comme suit :

Conditions fondamentales du mariage ;

Règles obligatoires pour sa validité ;

Questions relatives à l'Idda (retrait de viduité) et à l'Istibra (purification) ;

Devoirs réciproques des époux ;

Divorce ou répudiation ;

Khola ;

Séparation de corps ;

Restitution de la dot ou réclamation de son montant pour cause de non-exécution des devoirs conjugaux ;

Descendance et parenté ;

Drois des pères sur les enfants ;

Droits des enfants ;

Tutelle d'office ;

Administration du tuteur d'office à l'égard de son pupille ;

Conditions de capacité légale des parties, ou absence des dites ;

Requête pour obtenir la mise en état d'interdiction ;

Examen de l'état des personnes interdites ;

Droit de participation aux héritages pour cause de filiation ou de mariage ;

Capacité pour tester, ou pour recevoir une donation ou un legs ;

Règles pour disposer de ce qui précède.

Ici, s'arrête mon discours.

En offrant mes salutations à quiconque lira les lignes qui précèdent, je prie les hommes de science et d'expérience et tous les hommes de gouvernement qui voudront bien s'y arrêter de me pardonner ce qu'ils pourront y relever en fait d'erreurs dans l'exposition des faits ou d'inexactitude dans leur classement, et de ne tenir aucun comp.e de ces fautes, car : « Il est bien rare que quelqu'un puisse ne pas commettre d'erreur, dans toute œuvre humaine. »

Je demande à Dieu de vouloir bien approuver ce travail et faire obtenir ce qui est désiré.

Fait à Constantine, le dix novembre mil huit cent quatre-vingt-neuf.

Signé : **EL MEKKI BEN BADIS.**

Pour traduction conforme :

Constantine, le 23 novembre 1889.

L'Interprète-traducteur assermenté,

E. MERCIER.